LES EXPLOITS

D'UN

RÉSERVISTE

VAUDEVILLE EN UN ACTE

PAR MM

ANDRÉ LENÉKA ET ALBERT ROGER

PARIS

TRESSE ET STOCK, ÉDITEURS

8, 9, 10, 11, GALERIE DU THÉÂTRE-FRANÇAIS

PALAIS-ROYAL

1890

LES EXPLOITS D'UN RÉSERVISTE

VAUDEVILLE EN UN ACTE

*Représenté pour la première fois au théâtre des Célestins, à Lyon
le 22 novembre 1889*

LES EXPLOITS

D'UN

RÉSERVISTE

VAUDEVILLE EN UN ACTE

PAR MM.

ANDRÉ LÉNÉKA ET ALBERT ROGER

PARIS

TRESSE ET STOCK, ÉDITEURS

8, 9, 10, 11, GALERIE DU THÉATRE-FRANÇAIS

PALAIS-ROYAL

—

1890

Droits de traduction, de reproduction et d'analyse réservés

PERSONNAGES

PILOU	MM.	Dubosc.
SÉRAPHIN LENGLUMET		Harlin père.
ROSE MICHETTE...............	Mlle	Dijane.
LOUISON	Mme	Barnold.

LES EXPLOITS D'UN RÉSERVISTE

Intérieur d'un rustique. Salle à manger de paysans aisés. Grande horloge coucou au fond à droite. Double porte au fond donnant sur la campagne par laquelle on aperçoit une grille en bois, un peu au fond. Cette seconde porte en bois donne sur la campagne. La salle à manger donne de plein pied sur le jardin. Table à gauche, avec chaises. Petite table à ouvrage à droite et fauteuil. Cheminée à droite. Au fond, à gauche, grande armoire-buffet. Portes, à gauche, donnant dans la chambre de Rose, et à droite, dans celle de Louison.

SCÈNE PREMIÈRE

LOUISON, LANGLUMET, *une serviette de notaire sous le bras*

LOUISON, *poussant Langlumet vers la porte du fond*

Je vous disions que Mam'zelle Rose n'était pas là et qu'il fallait déguerpir.

LANGLUMET

Tur lu tu tu !.. je sais qu'elle n'est pas sortie... j'étais là dès patron-minette... et je l'aurais bien vue.

LOUISON

Il n'y a pas de patron-minette... Est-il possible qu'un notaire... un homme qui pourrions-t-être respectable.

LANGLUMET

Comment qui pourrait... mais je le suis.

LOUISON

Oui, pour ce qui est de l'âge... mais pour le reste...

LANGLUMET

Ah ! mais dis donc, petite vipère, qu'entends-tu par là ?

LOUISON

C'est bon, c'est bon, j'savions ce que je disons... C'est-t'y pas pitoyable de vous voir courir après une jeunesse comme Mam'zelle Rose... vous un vieux à perruque.

LANGLUMET

Hein !

LOUISON, *s'approchant*

Oui.., à perruque et si vous voulez que je tirions un peu pour voir... A votre disposition ?

LANGLUMET

A bas les pattes.

LOUISON

Vous avez peur que ça se décroche, hein... Enfin, c'est pas tout ça... Voici la porte... Allons, Monsieur Langlumet, allez voir à votre étude, si j'y sommes.

LANGLUMET

J'ai à parler affaires, à Mlle Rose Michette... et je ne m'en irai qu'après l'avoir vue.

LOUISON

Ah ! oui, je les connaissions...vos affaires .. sous prétexte d'héritage... vous proposez un mariage... et quel mariage ! ah ! ah ! ah !... Monsieur Langlumet... le futur époux de

LES EXPLOITS D'UN RÉSERVISTE

VAUDEVILLE EN UN ACTE

Représenté pour la première fois au théâtre des Célestins, à Lyon
le 22 novembre 1889

LOUISON

Allons bon ! Nous allions en être débarrassées...

LANGLUMET

Bonjour Rose... tu es rentrée par la fenêtre, sans doute ?

ROSE

Non... Monsieur Langlumet... je n'étais pas sortie.

(LOUISON *lui fait des signes qu'elle ne comprend pas*)

LANGLUMET

Tu ne voulais donc pas me recevoir alors ?

ROSE

Mais je n'ai pas dit...

(LOUISON *même jeu*)

LANGLUMET

Alors, c'est Mademoiselle Louison qui prend sous son bonnet de me mettre à la porte... C'est bon ! c'est bon... je m'en souviendrai.

ROSE *qui finit par comprendre les signes de Louison*

Mais non... c'est moi... c'est-à-dire...

LOUISON

Laissez donc Mam'zelle, ses menaces ne me font pas peur!.. Eh bien, oui, c'est moi qui ai eu du courage pour Mam'zelle Rose... Ce n'est pas parce qu'elle n'ose pas vous dire que vous l'ennuyez...

ROSE

Louison...

LOUISON

Pour que je ne vous l'disions pas de sa part, moi... et je vous le dis... et je vous le crie... et devant elle... oui, vous nous ennuyez... oui, nous vous guettons sur la route,.. et quand nous vous apercevons... vite, nous fermons portes et fenêtres .. et bonsoir, plus personne ! Et Mam'zelle Rose qui n'ose pas vous répondre est la première à me dire : Dépêche-toi, Louison... pour que ce vilain grigou ne nous surprenne pas... Et voilà ! Maintenant, bonsoir ! Je vais voir passer les réservistes... quant à vous débrouillez-vous. (*A part en sortant.*) Il faudra bien qu'elle le chasse, cette fois, ou qu'elle dise pourquoi ? (*Elle sort.*)

SCÈNE III

LANGLUMET, ROSE

Langlumet est resté abruti. Rose baisse les yeux et ne sait quelle contenance garder.

LANGLUMET

J'en étouffe !... oh !... je me vengerai... (*Il peut à peine parler.*) Rose... est-il possible... hé quoi... tu ne dis rien... moi, le vieil ami de ta grand'... mère... moi qui ne pense qu'à ton bonheur... me traiter... ainsi... vieux grigou... oh !

ROSE, *s'enhardissant peu à peu*

Mon Dieu ! Monsieur Langlumet... il faut l'excuser.

LANGLUMET

L'excuser !... ah ! c'est donc vrai... tu penses ce qu'elle vient de dire...

ROSE

Elle a exagéré... bien sûr... dans le temps... je vous aimais bien... quand j'étais petite.

LANGLUMET

Pourquoi as-tu changé... moi, je t'aime toujours...

ROSE

J'avais cinq ans... moi...

LANGLUMET

Et moi... trente-cinq.

ROSE

Oh ! oh ! trente-cinq... et même un peu plus... enfin !... j'en ai vingt... aujourd'hui.

LANGLUMET

Çà ne fait plus que quinze ans de différence entre nous, maintenant...

ROSE

Ah ! si vous n'aviez pas vieilli... peut-être... mais si c'est drôle... la réalité est là... elle devrait vous rappeler... que si je vous aimais... à cinq ans... c'est parce que vous étiez l'ami de grand'mère... que ne l'êtes-vous resté ? Je vous aimerais toujours !

LANGLUMET

Mais ce n'est pas possible cela.

ROSE

Et pourquoi ?

LANGLUMET

Parce que je t'aime, Rose... et parce qu'il y a un testament.

ROSE

Ah ! oui... ce maudit testament de grand'maman... je n'hériterai d'elle... quand me mariant ; mais il n'est pas dit que ce soit avec vous.

LANGLUMET

Oui... mais ce peut être avec moi.

ROSE, *soupirant*

Grand'maman... visait même mon cousin Pierre... si je ne me trompe.

LANGLUMET

Mais puisqu'il est mort... mort... ce cousin que personne n'a jamais vu...

ROSE

Vous, peut-être, parce que vous n'étiez pas encore installé au village... mais nous le voyions chaque jour nous, et pendant trois ans... Puis il a tiré au sort, et il est parti en me promettant de ne jamais m'oublier... et je n'en ai plus eu de nouvelles.

LANGLUMET

Ce qui prouve bien qu'il est mort.

ROSE

Mort...ce n'est pas sûr... il est parti au Tonkin, c'est vrai ! On n'en a plus eu de nouvelles... c'est encore vrai.

LANGLUMET

Eh bien ? Si cela ne prouve pas qu'il soit mort, cela prouve bien qu'il t'a oubliée toujours.

ROSE

Hélas ! oui... mais...

LANGLUMET

Mais...

ROSE

Je ne me marierai pas, voilà tout.

LANGLUMET

Parce que ?

ROSE

Parce que moi... je ne l'ai pas oublié.

LANGLUMET

Alors... tu ne veux pas hériter ?

ROSE

En me mariant... non...

LANGLUMET

Ma petite Rose... regarde-moi.

ROSE

Voilà... (*elle rit*) Oh ! ne faites pas des yeux comme ça. .
e ne pourrais pas...

LANGLUMET

Je ne suis pas tout à fait laid pourtant.

ROSE

Pas tout à fait .. non.

LANGLUMET

Eh bien, je deviendrais joli... si tu m'épousais... l'amour
embellit...

ROSE

Il ne rajeunit pas... on le dit... du moins.

LANGLUMET

Mais un mari dans la force de l'âge est bien préférable. .

ROSE, *riant*

Non ! Décidément, vous ne me convaincrez pas... et puisque Louison, un peu brutalement, il est vrai, vous a dit ce
que je pensais... de vos assiduités... restons en là... et ne revenez ici, Monsieur Langlumet, que lorsque vous compren-
drez... que dans la maison ou grand'maman vous recevait...

comme un vieil ami, vous ne pouvez être reçu par sa petite
fille qu'en vieil ami aussi.

LANGLUMET

C'est ton dernier mot...

ROSE

Oui...

LANGLUMET

Sans regrets ?

ROSE

Oh ! aucun.

LANGLUMET

Eh bien, moi, ce n'est pas mon dernier mot... tu seras
ma femme, entends-tu, Rose, ou j'y perdrai mon étude et
mon nom... Je suis le meilleur parti du village... et je te
forcerai bien à m'accepter pour époux.

ROSE

Oh ! je voudrais voir cela, par exemple.

LANGLUMET

Tu le verras... il y a des moyens... pour forcer les filles
à être heureuses malgré elles. . On jase déjà sur mes vi-
sites... et... je ne te dis que ça... D'abord pour com-
mencer... je te ménage une surprise... de ma façon. (*Il
sort en maronnant.*)

SCÈNE IV

ROSE *seule*

Oh ! le méchant homme... qu'est-ce qu'il va manigancer
encore ? Mille fois oui, j'aime mieux perdre l'héritage que

de me marier avec un vieux singe pareil... Ah ! Pierre, si
tu étais là... pourtant...

SCÈNE V

LOUISON, ROSE

LOUISON

Je viens de voir passer votre amoureux... il paraissait
furieux... Vous avez donc montré du caractère, cette fois...

ROSE

Oui... et j'ai bien peur d'avoir été trop loin... car, enfin,
je suis seule ici, en but à tous les cancans, à cause de l'héritage... et je n'ai personne pour me défendre.

LOUISON

Et moi donc ? ne suis-je t'y pas là ?

ROSE

Une femme, si courageuse qu'elle soit, ne vaut pas un
bon mari...

LOUISON

Et mariez-vous avec le gros Jean... il est jeune, celui-là.

ROSE

Il est rouge comme une carotte...

LOUISON

Tiens, c'est une belle couleur. .

ROSE

Et puis... je ne l'aime pas...

LOUISON

C'est une raison... quoique si c'est parce que vous atten-
dez l'autre... je croyons bien... que vous attendrez longtemps... Pour moi Pierrot ne reviendra plus ..

ROSE

Eh bien !... je quitterai le pays... et je me mettrai en
condition à Paris.

LOUISON

Vous... avec la fortune de votre grand-maman ?

ROSE

Mais puisque je ne dois la toucher qu'en épousant. . et
que je ne veux pas...

LOUISON

Eh bien ! moi, je travaillerai pour vous... et vous reste-
rez ici, dans cette maison qui vous a vu naître... et je vous
défendrons... et...

SCÈNE VI

LES MÊMES, PILOU. *Un grand dadais, l'air bête. Il est
en réserviste, et paraît abruti de fatigue.*

PILOU, *sur le seuil de la porte.*

C'est-y ici, Mam'zelle Rose... Mi... Mi... (*il lit*) chette ?

LOUISON

Oui ! qu'est-ce que vous lui voulez ?

PILOU

Qu'elle me donne à boire, à manger… et à coucher… et… c'est tout.

ROSE et LOUISON

Hein !

ROSE

Qu'est-ce qu'il dit ?

LOUISON

C'est un farceur !

PILOU *entre*.

Mazette, du beau sexe… attention Pilou, profite du costume militaire. Bonjour… les enfants. . ça va bien…
(*Il s'assied.*)

LOUISON

Mais voulez-vous vous en aller… je ne vous connaissions pas…

PILOU

C'est donc pas ici que demeure Mam'zelle Rose M… Mi… (*il lit*) chette…

LOUISON

Si… mais qu'est-ce que ça pouvions vous faire…

PILOU

Ça me faisions… non… ça me fait… que si c'est ici… tout va bien… la maison me paraît confortable… les habitantes ont un physique qui plaît au mien… Je n'ai rien à réclamer… si vous me donnez à boire, à manger et à coucher…

ROSE

Encore...

LOUISON

Vous allez vous faire arracher les yeux, vous ? si vous ne finissez pas la plaisanterie...

PILOU

Arracher les yeux.. ça ne serait pas la première fois, mais minute... je ne plaisante pas... j'ai un billet de logement pour Mam'zelle Rose... Mi... Mimi (*lisant*) chette... chette... comme tous mes camarades en ont eu pour d'autres. Quand au mien..., il n'est pas mauvais... hé ! hé ! et je veux en user...

ROSE

Que signifie ?

PILOU

Tenez et lisez !...

ROSE

« Au nom de la République française, mademoiselle Rose
« Michette est sommée d'avoir à offrir à monsieur Pierre
« Pilou, réserviste, souper et gîte pour la nuit.

« Pour le maire empêché,

« Langlumet (adjoint). »

Ah ! je comprends...

LOUISON

Oh ! le vieux gredin...

PILOU

Et j'ai le droit avec ce petit papier, on me l'a affirmé à la mairie... de me faire servir de force... C'est le droit de la

guerre .. et pendant les grandes manœuvres il paraît que
c'est comme à la guerre. Quant à moi... jusqu'ici, je l'igno-
rais. . n'ayant jamais fait de service avant mes 28 jours...
j'étais soutien de famille à Yvetot... où je suis le coq le plus
couru du village, hé ! hé ! mais puisque c'est l'habitude...
et que nous sommes en pays conquis... c'est le sergent qui
nous a expliqué ça ce matin... je ne suis pas fâché d'agir
en conquérant .. ça me posera à Yvetot et je vais enlever
votre cœur... à la baïonnette.... mais après souper... hé !
hé !

ROSE

Monsieur, je vous en prie ; laissez-nous... nous vous
donnerons de l'argent... pour aller manger et coucher
ailleurs.

PILOU

Ah ! c'est une farce... on m'avait bien dit de me méfier...
il n'y a pas d'auberge et vous le savez bien... allons, en
voilà assez... moi je suis bon garçon... mais je suis malin
et j'ai soif... j'ai faim et j'ai sommeil... Donnez-moi tout
ça ; nous causerons après...

(Il s'installe dans le fauteuil et se défait.)

ROSE

Que faire ?

LOUISON, *bas.*

Amadouillons-le... il n'a pas l'air méchant... quand il
aura bu et mangé... on lui fera comprendre qu'il ne peut
coucher... sous le même toit où reposent deux jeunes filles.
S'il n'y en avait qu'une encore ! ça se pourrait, mais deux...
c'est pas convenable...

PILOU *qui a défait sa tunique, se met à ôter ses bottines.*
Rose se retourne et pousse un cri en le voyant.

ROSE

Ah ! mon Dieu !

PILOU *a sauté sur sa chaise et lâche sa bottine.*

Quoi ! les ennemis ?

ROSE *se sauve dans sa chambre et s'enferme.*

PILOU

Hé ben, qu'est-ce qui lui prend à cette mijaurée...

SCÈNE VII

LOUISON, PILOU

LOUISON

Dam ! vous vous mettez un peu trop à votre aise... elle n'a pas l'habitude...

PILOU

Ah ! mais ! Ah ! mais .. tout ça c'est des façons ; si c'est qu'on ne veut pas me recevoir... moi, je pille... je réqui... réquisitionne... comme j'en ai le droit.

LOUISON

Ne vous fâchez pas... moi, je n'avions pas peur... et j'allions vous servir... Tenez, retirez votre autre botte... voici des sabots...

PILOU

Non, donnez-moi mes chaussons qui sont dans mon armoire à glace.

LOUISON

Hein !

PILOU

Oui... dans mon armoire à glace... mon sac... là...
(*Elle lui donne ses chaussons.*)

LOUISON

Voilà... vous serez plus à votre aise. Pendant ce temps
là, je vais mettre le couvert.

PILOU *radoucit.*

A la bonne heure... voilà qui est parlé... (*Il essaie de
retirer sa seconde botte et fait des efforts désespérés.*)

LOUISON, *pendant ce temps, met le couvert.* (*A part.*)

Ah! vieux finaud de Langlumet... à rusé... rusée et
demie... Je n'avions pas peur d'un homme, moi... au
contraire, et tu en seras pour ta méchanceté... Pauvre
Mam'zelle Rose... elle est toute bouleversée...

PILOU, *tirant toujours sur sa botte.*

Mais j'ai le pied collé après, bien sûr...

LOUISE

Eh bien, trempez-le dans l'eau, ça le décollera.

PILOU, *faisant des efforts prodigieux.*

Non, décidément il n'y a pas mèche... je vais être forcé
de garder mon soulier pendant 28 jours.

LOUISON

Mettez toujours un chausson.

PILOU

Oui, ça me reposera toujours un pied... Ah! (*Il se met
à table.*) A la bonne heure au moins, vous n'êtes pas fa-
rouche.., vous... (*Il la pince.*) Ce n'est pas comme l'autre...

LOUISON

Il faut l'excuser, elle est timide...

PILOU

Ah ! et vous, vous ne l'êtes pas... Tant mieux, mordienne, j'aime ça, moi, comment vous appelez-vous, payse ?...

LOUISON

Louison.

PILOU

Et l'autre... c'est donc Rose Michette ?

LOUISON, *elle lui verse à boire.*

Oui, puisque je n'étions que deux...

PILOU, *buvant.*

C'est juste !... Il est bon ce petit vin là... sapredienne ça fait du bien, ça réchauffe le cœur.

LOUISON

Buvez... ne vous gênez pas... il y en a encore...

PILOU

Et là ousque je vais coucher... belle Louison ?

LOUISON

Alors, vous tenez donc décidément à dormir ici ?

PILOU

Je crois bien que j'y tiens... J'ai vingt-quatre heures de marche dans les guibolles... et quand on n'y est pas habitué...

LOUISON

C'est que nous n'avons qu'un lit... pour deux...

PILOU

Oh! vous ne me gênerez pas... hé! hé!

LOUISON

Mais nous, ça nous gênerait peut-être... qu'en dites-vous?

PILOU, *i! boit*

Si je vous gêne... dam! il faut aller coucher dehors...

LOUISON, *joyeuse*

Oh! oui... allez-y...

PILOU, *il boit*

Ah! non, pas moi... je suis en pays conquis et je reste...

LOUISON

Ah! (*A part.*) Il n'est pas aimable tout de même...

SCÈNE VIII

LES MÊMES, LANGLUMET, *entrant par le fond*

LANGLUMET

Bonsoir tout le monde.

LOUISON, *à part*

Lui!... il vient nous narguer le scélérat...

LANGLUMET, *frappant sur l'épaule de Pilou*

Eh bien! mon garçon, ça va-t-il... Te traite-t-on bien ici?

PILOU, *la bouche pleine*

Mais oui... Seulement mon soulier me gêne...

LOUISON

Pas pour manger, toujours.

LANGLUMET

Eh bien, mais où est donc Rose?... Comment, elle se
dérobe à ses devoirs de bonne patriote... Elle laisse un
brave soldat de l'armée... manger seul... Et vous souffrez
cela... A votre place... j'exigerais que la maîtresse me
servît, et non la servante...

PILOU

Ça c'est vrai... et je ne comprends pas...

LOUISON, *à part*

Attends un peu, vieux singe... (*Haut.*) Comment, monsieur Pierre, vous ne comprenez pas que mam'zelle Rose a
été tellement émue en vous revoyant qu'elle n'a pu sup-
porter sa joie...

PILOU

Elle a été émue,... c'est possible,... mais pas de joie...

LOUISON, *passant à lui et le pinçant. Pilou jette un cri.*

Ingrat! (*Bas et vivement.*) Dites comme moi... et vous
serez récompensé généreusement. (*Elle lui lance une
œillade.*)

PILOU, *à part*

Diable! mais je suis un heureux... coquin... Ça m'é-
tonnait aussi... Brigand de Pilou,... ton physique n'en fait
jamais d'autres...

LANGLUMET

Ah! ça, qu'est-ce que tu chantes-là... Louison?

LOUISON

Je chantions que mam'zelle Rose était bien heureuse d'avoir retrouvé son amoureux Pierre… qu'elle aime toujours et que v'là… C'est-y pas vrai,… mossieu Pierre?

PILOU

Dam… je crois ..

(*Louison le pince.*)

LOUISON, *haut*

Dites-donc la vérité, heureux amoureux… Dites donc que vous aimez mam'zelle Rose… comme elle vous aime.

PILOU, *à part*

J'entends, la petite a été foudroyée,… et, devant le vieux,… son amie veut faire croire qu'il y a longtemps qu'elle me connaît… Très malin.

LOUISON, *le pinçant encore*

Répondez-donc.

PILOU

Dame!… puisqu'elle m'aime, … il est bien naturel que je lui rende la monnaie de sa pièce, hé! hé!

LANGLUMET

Comment, c'est vrai? vous êtes le nommé Pierre?

PILOU

Mais, toujours, depuis ma naissance.

LANGLUMET

Saperlipopette… j'ai fait un beau coup. J'ai introduit le loup dans la bergerie.

LOUISON, *à part*

Attrape! *Passant à lui, pendant que Pilou, qui s'est levé en boîtant, essaye à nouveau de retirer sa bottine.*)

PILOU

Ça me promet un bon campement pour ce soir. Hé ! hé !
C'est le moment de tenter une nouvelle sortie... (*Il se ras-*
sied et fait de nouveaux efforts inutiles.)

LOUISON, *à Langlumet*

Et si j'ai un conseil à vous donner, c'est de filer,... car
il n'est pas endurant... l'amoureux Pierre...

LANGLUMET

Mais qui diable... pouvait prévoir... (*Haut à Pierre.*)
Alors, c'est vous qui revenez du Tonkin ?

PILOU, *toujours occupé à sa bottine, sans l'entendre, se*
parlant à lui-même.

Oui... de cette façon...

LANGLUMET

Cela a dû vous fatiguer... (*A part.*) Il n'est pas causeur...
Non... Mais c'est bien ma guigne,... tout allait si bien...

PILOU

Ça ne sera pas encore pour cette fois. (*Il souffle un mo-*
ment.)

LOUISON, *à Langlumet*

Vous l'agacez, vous savez...

LANGLUMET

Allons... je file... (*A part.*) Mais je ne m'éloigne pas...
Je verrai bien si l'on se joue de moi... *Il sort.*)

SCÈNE IX

LES MÊMES, moins LANGLUMET

LOUISON, *sur la porte, riant.*

Ah ! ah ! ah !... Je disions bien que je saurions défendre mam'zelle Rose... Voyons voir s'il s'en retourne bien au village... (*Elle disparaît un instant.*)

PILOU, *buvant toujours*

Encore un coup... C'est égal, la place est bonne... Bon vin... jolies filles, dont l'une est tombée folle de moi... Ça va bien, pour une première campagne... Eh bien ! ça ne m'étonne pas .. A Yvetot .. je ne peux pas tant seulement mettre le nez dehors... que toutes les filles... elles le mettent aussi... pour me reluquer. Hé ! hé !... Seulement, ce qui me chiffonne, .. c'est ma botte... (*Il se baisse et se trouve caché par le fauteuil.*)

La porte de Rose s'entr'ouvre.

SCÈNE X

ROSE, PILOU

ROSE, *à part*

Je n'entends plus rien... Où est donc Louison ?

PILOU, *se retourne*

Ah ! v'là mon amoureuse... l'autre est pas plutôt partie qu'elle montre son petit museau... Non, mais ce que c'est finaud... les filles... qui en tiennent pour quelqu'un... (*Il appelle.*) Pssitt, pssitt !

ROSE, *effrayée*

Ah ! que vous m'avez fait peur ! (*Elle fait un pas vers sa chambre.*)

PILOU, *se lève en boîtant*

Vous n'avez rien à craindre,... belle enfant,... nous sommes seuls... (*Il s'approche d'elle.*)

ROSE

Ah ! mon Dieu ! qu'avez-vous fait de Louison ?

PILOU, *à part*

Oh ! feinte émotion ! Non, mais ça a-t-y l'air de ne pas avoir l'air... (*S'approchant.*) Elle a peur que je ne réponde pas à sa flamme et elle veut me voir venir... (*Il fait un bond à cloche pied et s'écrie :*) Oh ! Rose ! Je sais tout !... Aïe ! (*Il se frotte le pied.*)

ROSE

Qu'est-ce qui vous prend ?

PILOU, *la saisissant*

C'est toi que je prends..., puisque tu te donnes. .

ROSE, *se dégageant*

Mon Dieu ! il est fou ! Louison !

PILOU, *resautant*

Puisqu'elle a tout dit... devant le vieux... que je te dis.

ROSE

Quel vieux ?

PILOU

Le vieux maire... qui m'a envoyé ici...

ROSE

Mais qu'est-ce qu'elle a dit ?

PILOU

Mais que tu m'aimais, fille aimable et inflammable... elle a même ajouté depuis longtemps... pour que ce n'ait pas l'air... trop... tu comprends... Car, enfin, on a beau être frappé du coup de foudre... il faut sauvegarder les convenances... Eh bien ! elle les a sauvegardées,... sois tranquille.

ROSE

Mon Dieu ! qu'est-ce que tout cela signifie ?... Et Louison qui me laisse seule !

PILOU, *il a regagné la table*

Eh bien !... je serai franc aussi... A la guerre comme à la guerre ! Je t'ai plu,... tu me plus, et puisque nous nous plûmes,... tiens,... essaye de retirer ma botte... et je serai tout à toi... (*Il fait un pas.*) Aïe !!

SCÈNE XI

PILOU, ROSE, LOUISON, *entrant brusquement*

ROSE, *court à elle*

Ah ! Louison... c'est un fou ! Défends-moi...

LOUISON

Qu'y a-t-il ?

PILOU

Il y a, belle Louison, que tu m'as fait monter au cœur le feu que j'ai dans le pied,... en m'avouant l'amour de ta maîtresse...

LOUISON, *riant*

Ah ! ah ! ah ! mais c'était pour rire ! Ah ! ah ! ah ! ah ! (*A Rose.*) Ne craignez rien, mam'zelle !

PILOU

Quoi ? pour rire...

LOUISON

Mais, oui... C'était pour me débarrasser du vieux... Ah ! ah ! ah ! Et vous avez cru... Ah ! ah ! ah !

PILOU

Le vieux... pour rire... pas du tout... Je ne ris pas moi... J'accepte... (*Il fait un pas en sautant.*)

LOUISON

Mais nous n'acceptons pas... nous... Ah ! ah !

PILOU, *qui s'est approché de Louison l'embrasse*

Accepte toujours ça pour ta commission.

LOUISON, *le souffletant*

Et vous ça ! pour vous rafraîchir les idées.

PILOU, *se frottant la joue*

Aïe !... (*Il fait un pas et relève le pied.*) Aïe ! Ah ! c'est comme ça, vous vous moquez de moi.... Eh ! bien.... foi de Pilou... je prendrai ce qu'on me refuse... hé ! hé ! et je réquisitionne ta maîtresse, ah ! ah !... et tout de suite...(*Il va vers elle, Rose se réfugie derrière la table.*)

ROSE

Ah ! Louison, qu'est-ce que tu as fait ?

LOUISON

Saperlipopette ! Est-ce que je savions que ce nigaud prendrait feu comme un cotret.

PILOU, *passant derrière la table, toujours clopin clopant*

Ah ! je te tiens... (*Il attrape Rose.*) Et maintenant faisons la paix... Embrasse ton vainqueur.

(*Rose se défend.*)

LOUISON, à part

Mordienne ! l'autre est encore moins dangereux... (*Elle se cramponne à Pierre.*) Arrêtez... malheureux !... Mam'-zelle est mariée.

PILOU

Ah ! ah ! ah ! elle est bonne... et ous'qu'il est son mari.

LOUISON

Son mari... vous l'avez vu tout à l'heure là...

PILOU

Le vieux... dont vous avez voulu vous débarrasser en me disant que votre maîtresse m'aimait... devant lui... et qui s'en est allé ?

LOUISON

Justement... c'était une épreuve... Ah ! si vous saviez comme nous sommes malheureuses avec un homme pareil.

ROSE, bas

Mais où veux-tu en venir ?

LOUISON, bas

Je n'en sais rien .. je cherche... et je gagne du temps.

PILOU

Je ne sais pas si c'est mon pied ou le petit vin... mais je ne comprends pas...

LOUISON

C'est pourtant bien simple... Monsieur est un monstre, n'est-ce pas ?

PILOU

Ça, oui, il n'est pas beau.

LOUISON

Voilà donc un point acquis. Eh bien, chaque fois, suivez-moi bien.

PILOU

Marchez pas trop vite, j'ai mal aux pieds.

LOUISON

Chaque fois qu'il entre un réserviste... ici... et c'est lui qui les envoie... le misérable !

PILOU

Ça c'est vrai... c'est lui qui m'a envoyé.

LOUISON

Vous l'avouez.... Eh bien ! savez-vous pourquoi... il les envoie ..

PILOU

Pour leur donner à manger et à boire...

LOUISON

Oui, beaucoup à boire, pour leur faire perdre la tête, et puis pour mettre à l'épreuve la vertu de sa femme... ensuite.

PILOU

C'est drôle, votre histoire augmente mon mal de pied.

LOUISON

Comprenez-vous ?

PILOU

Pas tout à fait... Pourquoi la fait-il passer pour une demoiselle... alors.

LOUISON

Innocent... mais justement pour émoustiller le réserviste, ensuite, pour que sa malheureuse petite femme ait moins de motifs de résister et qu'ainsi sa vertu soit mise à une plus rude épreuve. (*Bas à Rose.*) J'ai trouvé...

(Rose réprime une envie de rire.)

PILOU

Et si... elle ne résistait pas pourtant... car... il y a des hommes irrésistibles.

LOUISON

Et vous êtes de ceux-là...

PILOU

N'est-ce pas ?

LOUISON

Eh bien, si elle ne résistait pas, il entrerait... là... tout-à-coup... et il la tuerait... devant vous...

(Pilou machinalement s'est retourné, et aperçoit Lan-glumet qui franchit la première porte du jardin.)

PILOU, *très émotionné et tombant dans le fauteuil.*

Sapristi ! le voilà !

ROSE et LOUISON, *poussent un cri et se précipitent dans la chambre de Rose, moitié effrayées et moitié riant.*

Ah !!

SCÈNE XII

LANGLUMET, PILOU

LANGLUMET, *à part en entrant*

Mes affaires marchent mal.

PILOU, *à part.*

C'est vrai qu'il a un air cruel, cet animal là. (*Il se rassied.*)

LANGLUMET, *à part*

Mais pourquoi m'ont-elles menti, tout à l'heure.

PILOU, *à part*

Mettons-nous sur nos gardes. (*Il va au fond prendre sa baïonnette.*)

LANGLUMET, *à Pilou*

Ah ! ah ! mon gaillard... c'est vous...

PILOU, *tremblant à moitié*

Il paraît...

LANGLUMET

Comment trouvez-vous la plaisanterie ?

PILOU

Mauvaise... très mauvaise...

LANGLUMET

Moi aussi.

PILOU, *à part*

Ah ! ben il ne manque pas de toupet...

LANGLUMET, *narguant*

Ah ! ah ! vous êtes l'amoureux... Pierre. Ah ! ah ! vous aimez Mademoiselle Rose !

PILOU, *à part*

Elle a eu tort de partir... puisque c'était elle... que ce monstre devait tuer...

LANGLUMET, *narguant*

Et elle... vous aime.

PILOU, *à part*

Sauvons-là... (*haut*) Non... pour ça, non, elle ne m'aime pas...

LANGLUMET, *narguant toujours*

Pas possible... pauvre dupe.

PILOU, *à part*

Il se fiche de moi, encore... ah ! c'est trop...

LANGLUMET

Ainsi vous ne vous étiez pas aperçu que tout ceci n'était qu'une comédie.

PILOU

Une comédie... pour vous... et un drame pour les autres... vos victimes... misérable...

LANGLUMET

Hein !

PILOU

Oui... tenez.. c'est monstrueux ce que vous avez fait.

LANGLUMET, *à part*

Elle lui a dit... que je voulais l'épouser.

PILOU

Hé quoi, vous n'êtes pas honteux... de vous servir de tels procédés... contre une pauvre petite femme sans défense.

LANGLUMET, *à part*

C'est bien cela. (*haut*) Monsieur, l'amour ne raisonne pas.

PILOU

Ah ! vous appelez ça de l'amour, vous ?...

LANGLUMET

Je voudrais bien vous voir à ma place... toujours re-
poussé... de celle que l'on aime... ça vous irrite...

PILOU

Si elle vous repousse elle a une excuse...

LANGLUMET

Laquelle ?

PILOU

Dam, tant pis pour vous... quand on veut une femme
jeune, à votre âge... on doit s'attendre à tout ; mais ce n'est
pas une raison pour agir... comme vous le faites... pour
attirer des victimes dans cette maison.

LANGLUMET

Quelle victime ?

PILOU

Moi, parbleu !

LANGLUMET

Plaignez-vous donc... Est-ce que vous n'avez pas été
bien traité ?

PILOU

Oui... pour mieux m'émoustiller... et pour que la malheureuse petite femme ait moins de motifs de résister.

LANGLUMET

Qu'est-ce qu'il chante ?

PILOU

Mais si elle n'avait pas résisté..., car il y a des hommes
irrésistibles...

LANGLUMET

Pas vous...

PILOU

Alors... vous l'auriez tuée ? Infâme !

LANGLUMET

Moi ? (*à part se reculant.*) Il est fou !

PILOU *marchant contre lui à cloche pied, la baïonnette en avant.*

Et si je la vengeais, moi... si je débarrassais la société et mam'zelle Rose, comme vous dites, de vos infâmes poursuites.

LANGLUMET, *il court derrière la table.*

Sapristi ! Au secours !

PILOU

Mais tenez... promettez-moi de ne plus recommencer...

LANGLUMET, *à part.*

Ça m'est bien facile à présent... (*haut*) Oui... je vous le jure...

PILOU

A la bonne heure... et aidez-moi à retirer ma bottine... ce sera votre punition.

LANGLUMET

Vous êtes cruel.

PILOU

Obéissez...

(*Langlumet s'agenouille. Pilou tend son pied et s'arc-boute sur la table.*)

LANGLUMET, *tirant.*

Le pied va venir avec...

PILOU

Allons ferme... une... deux... et trois...

*(Au nombre trois, Langlumet a fait un grand effort
et la bottine lui reste à la main ; mais il tombe
sur le dos, pendant que Pilou tombe en arrière
en entraînant le fauteuil et la table. Tous les
deux poussent des cris. Rose et Louison apparais-
sent et rient aux éclats en voyant ce tableau.)*

SCÈNE XIII

LES MÊMES, ROSE, LOUISON

PILOU, *se relevant le premier.*

Ah ! que ça fait du bien... *(Il aperçoit Rose et Louison.
Il va à elles.)* Venez ! vous n'avez plus rien à craindre...

LANGLUMET *s'est relevé (à part)*

Il ne me manquait plus que d'être vu par elle dans une
position si ridicule...

LOUISON

Comment s'en sont-ils tirés...

PILOU, *à Langlumet, en lui présentant Rose*

Allons, monsieur, faites-lui vos excuses... et renouvelez
votre promesse...

ROSE

Que veut-il dire ?

LOUISON

Je n'y suis plus du tout.

LANGLUMET *tirant un papier de sa poche.*

Tiens... Rose.. vois toi-même... je n'ai pas le courage de lire mon arrêt...

ROSE *lisant ; Louison s'est rapprochée ; Pilou regarde sans comprendre.*

« Monsieur Langlumet, comme je sais que vous êtes le
« plus vieil ami de Rose... et le dépositaire des dernières
« volontés de sa grand'mère, je viens vous demander à vous
« la main de ma petite Rose que j'aime toujours. J'arriverai
« demain matin au village à la première heure. — Pierre
« Lorrain. »

ROSE

Ah ! quel bonheur... Je savais bien que j'avais raison de ne pas me marier.

LOUISON *à Langlumet.*

Et c'est à vous qu'il demande la main de mam'zelle Rose, oh !... ce n'est pas gentil...

PILOU

Ah ! ça qu'est-ce que c'est encore que cette nouvelle comédie...

LOUISON

Ne vous inquiétez pas... c'est la dernière et c'est la bonne. Quant à vous... voici le petit jour et vous n'avez plus qu'une chose à faire...

PILOU

C'est de remettre mes bottines... pour répondre à l'appel... Eh bien !.c'était bien la peine de me donner tant de mal pour retirer la dernière... (*Il va au fauteuil.*)

LANGLUMET

Et de me faire attraper un tour de reins.

ROSE

Allons, Monsieur Langlumet... donnez-moi la main... je n'ai que vous pour me conduire à l'église.

LANGLUMET

Ah ! ça c'est trop fort... par exemple .. Ma foi, j'accepte... j'aurai l'air du marié !!
(*Pilou remet ses bottes aidé par Louison à qui il fait des agaceries.*)

Rideau.

Imp. Brunard, rue Urbain IV, 85. — Troyes

www.ingramcontent.com/pod-product-compliance
Lightning Source LLC
Chambersburg PA
CBHW051738050726
47598CB00003B/1249